Daniel Spitzer
Das Herrenrecht

I0630662

fabula Verlag Hamburg

ISBN: 978-3-95855-262-3
Druck: fabula Verlag Hamburg, 2017
Covergestaltung: Marta Czerwinski

Der fabula Verlag Hamburg ist ein Imprint der Diplomica Verlag GmbH.
Bibliografische Information der Deutschen Nationalbibliothek:
Die Deutsche Nationalbibliothek verzeichnet diese Publikation in der Deutschen Nationalbibliografie; detaillierte bibliografische Daten sind im Internet
über http://dnb.d-nb.de abrufbar.

Daniel Spitzer

Das Herrenrecht

 fabula

Inhalt

Erster Brief

Graf Heinrich Lehnburg an den Grafen Paul Welsthal

St. Lambrecht – 3. Juli 1876.

Erschrick nicht, lieber Paul, wenn du diesen Brief öffnest und meine Unterschrift liest. Er enthält kein letztes Lebewohl und die traurige Mitteilung, daß ich mir wegen drückender Schulden oder aus unglücklicher Liebe eine Kugel durch den Kopf gejagt habe. Nein, lieber Freund, mein frommer Oheim hat neuerdings meine Schulden gezahlt, so daß ich seit der Einlösung meines letzten Wechsels keinen Busenfreund mehr habe, der Abraham heißt, und den ich als Retter in der Not an mein Herz schließe, mit der jesuitischen Reservatio mentalis, eine halbe Stunde später ein warmes Bad zu nehmen. Da ich aber erst drei und zwanzig Jahre alt bin, hat der Oheim leider noch immer nicht die Hoffnung aufgegeben, mich zu bessern und mich hierher auf sein großes Gut in die Verbannung geschleppt, wo allerdings die den guten Sitten so unentbehrlichen bösen Beispiele gänzlich mangeln, so daß ich gar keine Gelegenheit habe, mich in den dummen Streichen, zu denen ich eine so große Anlage besitze, weiter auszubilden. Es ist hier bei der Abgeschiedenheit, in der wir uns befinden, auch nicht zu der kleinsten unglücklichen Liebe Gelegenheit, und obwohl ich erst seit drei Tagen hier bin, langweile ich mich doch schon so entsetzlich, daß ich mich entschlossen habe, dir zu schreiben und so endlich das Versprechen zu erfüllen, das ich dir schon vor vier Monaten in einer schwachen Stunde gegeben, als der Abschiedschampagner, den wir vor deiner Abreise nach deinen böhmischen Gütern tranken, meinen Verstand verwirrt hatte.

Die Besitzung des Oheims liegt fast eine Fahrstunde von der Eisenbahnstation entfernt in einer paradiesischen Gegend. Ringsum erheben sich bewaldete Hügel und Berge, von deren Dunkel sich sanft ansteigende lichte Wiesen abheben, auf denen leichtsinnige Fohlen weiden und sich austoben und die Kühe nachdenklich die roten und gelben Blumen fressen und nur manchmal besorgt den Kopf nach ihrem Schweife umwenden, wie Hofdamen, die sich umsehen, ob ihre Schleppe gut auf den Boden fällt. Im Hintergrunde aber schauen gefurchte Felsschroffen ernst zum blauen Himmel auf. Vom Waldessaume herab winden sich durch die Wiesen schmale Rinnsale, deren leise murmelnde Wässer dem Bache zueilen, der zwischen dem Schlosse und dem Dorfe rauschend dahinfließt. Wälder, Berge, rauschende Wasser, hinter jedem Hause ein Düngerhaufen und nur manchmal ein Gensdarm – kann man von einem Paradiese mehr verlangen? Aber was ist ein Paradies ohne Schlange, die Einen zur Sünde verführt? Ich habe noch kein hübsches Bauernmädchen hier gesehen, und wenn ich nicht jeden Tag meiner gottesfürchtigen Tante die Hand küßte, würde ich das Küssen ganz verlernen, das mich doch so viel Zeit und so schwere Soupers gekostet hat. Das Schloß hat mein Urgroßvater im vorigen Jahrhundert erbaut und aus dieser Zeit stammt auch die ganze Einrichtung desselben, die aber noch immer den Eindruck größerer Jugendlichkeit macht als die weibliche Dienerschaft. Es ist ein weitläufiges Gebäude mit zwei Türmen und einer so großen Anzahl von Fenstern, daß mindestens vierzig Personen, die durch den Aufenthalt im Schlosse lebensüberdrüßig geworden sind, gleichzeitig herausspringen können. Es liegt mitten in einem großen Gartenpark, in dessen Alleen sich einige griechische Götter langweilen, deren nähere Betrachtung jetzt durch übertünchte blecherne Feigenblätter, die der Oheim an den passenden oder vielmehr unpassenden Stellen anbringen ließ, auch dem schamhaftesten Auge ermöglicht worden ist. Ich habe gleich am ersten Tage meines Aufenthaltes mich in der Malerei geübt, indem ich auf diese leeren Feigenblätter das Wappen unseres Hauses, das doch sonst nirgends fehlt, mit roter Farbe gemalt und auch unsere schöne Devise: Abstine anzubringen nicht versäumt habe. Diese künstlerische Ausstattung hat mir am nächsten Morgen von Seite des Oheims eine Strafpredigt mit Belegstellen aus der heiligen Schrift eingetragen, der heute beim Frühstück eine zweite mit Hundegeheul gefolgt ist, da ich während derselben das Hündchen der Tante in den Schweif kniff, das aus Treue gegen seine Herrin, deren Leibesumfang sich in den letzten Jahren verdoppelt hat, auch nicht mehr länger mager sein wollte und sich aus Liebe zu ihr fett gefressen hat. Der Oheim las nämlich die eingelaufenen Briefe und war über einen derselben so ergrimmt, daß er ihn in der Faust zerknitterte. Die Tante studierte die Theaternachrichten in den Blättern und nun spielte folgende kleine Szene:

Die Tante (erschreckt): Es ist entsetzlich!

Der Oheim (ergrimmt): Wieder ein Angriff auf die Kirche?

Die Tante (die Hände faltend): Das nicht, Gott sei Dank, aber der neu engagirte Schauspieler für die Rollen von Bonvivants soll ein Jude sein!

Der Oheim (bitter): Alle Schauspieler sind Juden!

Die Tante (besorgt): Mein Gott, dann kann man ja nicht mehr ins Theater gehen.

Der Oheim (wütend): Man kann überhaupt nirgends mehr hingehen, man trifft überall nur Juden: im Theater, im Concertsaal, im Parlament und sogar in der Kirche, wenn für eine Messe in den Judenblättern Reclame gemacht wird. Da schreibt mir eben (zeigt auf den zerknitterten Brief) der Feldmarschall-Lieutenant, daß er erfahren habe, der Beichtvater seiner Frau, Pater Cölestin, sei auch ein Jude gewesen und habe früher Amschel Rosenzweig geheißen.

Die Tante (die Hände ringend): Jesus, Maria und Josef!

Ich (den Ton des Oheims nachahmend): Waren auch Juden.

Nun erhob sich der Oheim und gab eine jener Reden zum Besten, wie er sie in den katholischen Vereinen zu halten pflegt, gegen den Liberalismus, die Aufklärung und sogar gegen die moderne Schule, so daß ich, als er fertig war, seine Hand ergriff und rief: Wie bedauere ich es, daß ich noch nicht das Alter habe, das für das active Wahlrecht erfordert wird, sonst würde ich Dir nach dieser Candidatenrede mit Vergnügen meine Stimme geben. Doch ich schließe meine Mitteilungen, denn es schlägt Mitternacht, die Stunde der Gespenster, die allerdings, nachdem ich den Kammerjungfern meiner Tante so oft ins Gesicht gesehen, ihren Schrecken für mich verloren hat.

Zweiter Brief

Derselbe an Denselben

St. Lambrecht – 24. Juli.

Du würdest mich nicht wieder erkennen, teurer Freund, so verändert habe ich mich seit den drei Wochen meiner Verbannung. Ich habe seit acht Tagen keine Strafpredigt mehr gehört, und ach! auch nicht verdient; die Bäuerinnen erröten und kichern nicht mehr, wenn ich an ihnen vorübergehe, kurz ich habe mich entschlossen den Freuden dieser Welt zu entsagen und mich auf das Fischangeln zu verlegen. Selbst meine Tante gibt zu, daß ich mich gebessert habe, aber wenn dies der Fall ist, dann habe ich mich entschieden zu meinem Nachteile gebessert. O, die Zeit bringt traurige Veränderungen hervor, du würdest mich nicht wieder erkennen, so vernünftig bin ich geworden. Nur einmal schien mein Glück, das schon so lange auf Reisen ist, wieder zurückkehren zu wollen, ich glaubte die Gelegenheit beim Schopfe zu fassen, aber ich behielt nur ihren Chignon in der Hand, während sie mir davon lief.

Ich hatte mich nämlich am vorigen Sonntag entschlossen, endlich einen lang gehegten Wunsch meiner Tante zu erfüllen und die Dorfkirche zu besuchen, um mich dort in der Andacht zu üben. Die Kirche war voll von Bauern und Bäuerinnen aus dem Dorfe und aus den Gehöften und Weilern der Umgebung. Auf sämmtlichen Gesichtern lag eine sonderbare Mischung von Sonnenbrand, Inbrunst und Durst. Da sah ich plötzlich aus der wirren Masse von roten Ohren, schwarzen Filzhüten, fettglänzenden blonden und braunen Zöpfen, silbernen Jackenknöpfen, nackten Knieen, grellen Busentü-

11

chern, Lederhosen, Runzeln und Gebetbüchern auf einer der vordern Bänke einen kleinen grauen Handschuh von allerliebster Weltlichkeit hervorleuchten. Ich konnte mich nur langsam durch die Menge drängen und sah zuerst den blonden Schimmer der Spitze eines Zopfes, dann ein kleines Ohr, weiter nachdem mir ein Bauernmädchen die linke Zehe zerquetscht und den einen Lackschuh für immer dienstuntauglich gemacht hatte, eine blühende Wange und einen reizenden Nasenflügel, darauf, nachdem ich vorher meinen obersten Westenknopf zum Opfer hatte bringen müssen, ein Stück von einem Kinne, die Hälfte eines Grübchens und das lieblichste »noch etwas«, um eine Umschreibung zu gebrauchen, deren sich Goethe in seinem Gedichte »Christel« bei Schilderung der Reize dieses trefflichen Mädchens bedient:

> Ist eine, die so lieben Mund,
> Liebrunde Wänglein hat?
> Ach, und es ist noch etwas rund,
> Da sieht kein Aug' sich satt.

Endlich, nachdem ich auch noch meinen schönen Scheitel in die Schanze einiger Bauernbusen geschlagen hatte, sah ich ihre ganze Person: schlank, blond, weiß und rosig. Sie hatte die dunkeln Augen niedergeschlagen und die Hände gefaltet, und schien zu beten, zu träumen oder über ein kleines Geheimniß nachzudenken. Ich suchte vergebens ihre Aufmerksamkeit auf mich zu lenken, indem ich seufzte, räusperte, hustete und endlich sogar mich im hohen C schneuzte obwohl ich weiß, daß dieses Geräusch nicht besonders geeignet ist, einen tiefen Eindruck auf ein unverdorbenes Mädchenherz zu üben. Ich wiederholte nach einer Viertelstunde dieses Concert mit unverändertem Programm, allein sie blickte nicht auf, und nur ein älterer Mann, der neben ihr saß und ebenfalls städtisch gekleidet war, wahrscheinlich ein Schlingel von Vater, warf dem Andachtstörer einen zornigen Blick zu. Ich hatte schon Lust, den ungeratenen Vater der Heiligen für diesen Blick zur Rede zu stellen, nur um der Tochter so meine Existenz zu verraten. Allein diese Einleitung zu einem Liebesroman schien mir doch zu gewagt, und ich zog es vor, die Kirche zu verlassen, ein Blatt Papier aus meiner Brieftasche zu reißen, einige Zeilen mit Bleistift darauf zu schreiben und ihr diesen Liebesbrief à la minute unbemerkt zuzustecken. Ich machte mir daher durch das Gedränge mit der ganzen Geschwindigkeit eines Verliebten Platz, eilte hinaus und schrieb, daß ich sie gesehen, und daß sie die einzige Heilige in der Kirche gewesen sei, die ich sofort angebetet hätte; daß ich sie bitte, mir bei einem Rendezvous, in Wolken gehüllt, oder wie sie es sonst für zweckmäßig erachte, zu erscheinen; daß mein Oheim der durch seine strenge kirchliche Haltung berühmte Graf Lehnburg sei, und daß sie einen kleinen Teil der Gunst, den sie als Heilige sicherlich ihm gewähre, seinem Neffen und Erben zuwenden möge. Ich wartete bei der Kirchentüre, um ihr im Gedränge der Herausströmenden das Briefchen in die Hand zu drücken. Ich wartete und wartete, die Kirche leerte sich, aber sie konnte ich nicht erblicken. Alles war schon verschwunden und ich stand mit einem Male ganz allein und traurig vor der Kirchentüre mit meinem Liebesbriefe in der Hand. Ich ging betrübt in die Kirche zurück, um sie dort zu suchen, denn vielleicht wohnte sie auf einem Altare. Sie war nicht da. Allein jetzt erst sah ich, daß die Kirche noch einen zweiten Ausgang hatte, und durch diesen mußte sie verschwunden sein. So, mein lieber Paul, straft der Himmel Diejenigen, die niemals in die Kirche gehen; sie wissen in ihrer Gottlosigkeit nicht einmal, wie viele Türen die Kirche hat, und während sie bei der einen warten, geht die Geliebte bei der anderen hinaus. Ich habe sie nicht wiedergesehen.

Als ich an demselben unglückseligen Sonntag nach Hause kam, fand ich die Mumienausstellung im Schlosse um ein neues seltenes Exemplar bereichert. Der Gast, der sich bei uns einquartirt hat, scheint in die Familie der Marder zu gehören, denn er ist ein fleischfressender Zehengänger, der mit Vorliebe Geflügel frißt und St. Julien dazu trinkt. Obwohl ich jeden Tag mit ihm an derselben Mittagstafel sitze, habe ich doch noch nicht genauer, als ich es eben angegeben, feststellen können, wie er eigentlich aussieht. Er scheint zwischen dreißig und fünfzig Jahre alt zu sein, es ist ungewiß, ob sein Backenbart blond ist oder grau, und ob er eine Perrücke trägt, oder sich zum Frisiren seines eigenen Haares bedient. Glücklicher Weise ist nicht die Nase der Spiegel der Seele, sonst müßte man annehmen, daß die letztere sehr unrein sei. Ich glaube, daß er auch Augen hat, aber ich wage nicht, es mit Bestimmtheit zu behaupten, da ich bis jetzt nur das Weiße seines Augapfels gesehen habe. Ich halte seine Stirne für niedrig, nur bleibt es dann ein Rätsel, wie so viele Runzeln auf derselben Platz haben. Vermutlich ist er ziemlich lang, doch weiß er dann dieses Gebrechen geschickt zu verbergen, indem er die Schultern über den Kopf zieht und dabei einen Buckel macht und die Knie so eingebogen hält, als wenn er sich für einen schwierigen Fußfall vorbereitete. Der Himmel verhüte nur, daß es ihm jemals in den Sinn komme, unser schweres Silberzeug zu stehlen, denn ich wüßte nicht, wie man es anfangen sollte, ihn in einem Steckbriefe richtig zu beschreiben. Er wird im Hause nur bei seinem Taufnamen: Severin angesprochen, aber er ist kein Geistlicher, sondern schreibt nur clericale Brochüren und ist eine Zierde der katholisch-politischen Vereine. Man teilte mir nur im Allgemeinen mit, daß er hier wissenschaftliche Zwecke verfolge, so daß ich Anfangs glaubte, er sei, da sich bei uns so viele andere Überreste aus dem hohen Altertume vorfinden, gekommen, um das Schloß nach Mammutsknochen zu durchwühlen. Allein seine Anwesenheit hat eine noch viel tiefere Bedeutung. Es handelt sich nämlich um nichts Geringeres als das so vielfach von den Liberalen angeschwärzte Mittelalter endlich einmal gründlich weiß zu waschen. Da man nämlich als einen der größten Schandflecke des Mittelalters das Jus primae noctis wiederholt angeführt hat, wird Severin in einem Buche den Nachweis liefern, daß dasselbe gar nie existirt habe. Ungeachtet der lateinischen Bezeichnung brauchte man, wie du vielleicht weißt, kein Gelehrter zu sein, um dieses Jus auszuüben. Man bezeichnet damit das Recht, das sich unsere Ahnherren herausgenommen haben sollen, bei ihren Untertaninnen in der Brautnacht die Pflichten des eben angetrauten Gatten zu erfüllen. Da die Bauern damals ohnehin nicht viel anders als das liebe Vieh behandelt wurden, wäre es immerhin sehr möglich, daß unsere Vorfahren kein Bedenken trugen, denselben auch die betreffenden Hörner aufzusetzen. Wenn ich freilich in meiner Phantasie das Bild einer Kuhmagd oder Gänsehüterin aus dem schmutztriefenden Mittelalter mir vorstelle, scheint es mir unbegreiflich, wie ein Gutsherr auf den Einfall kommen konnte, jenes infame Vorrecht in Anspruch nehmen zu wollen. Wir Söhne des neunzehnten Jahrhunderts haben es allerdings weit bequemer als ein Herr des vierzehnten oder fünfzehnten Jahrhunderts, denn wir halten heute ganz einfach eine Ballettänzerin aus, was dann aber freilich wegen der weit größeren Reinlichkeit, die dieselben vor den Bäuerinnen des Mittelalters voraushaben, auch viel kostspieliger ist. Aber schon in dieser Zeit des frühen Mittelalters finden wir Spuren jener Aufklärung, die heute leider eine so erschreckende Ausbreitung gefunden hat, denn der Bräutigam durfte in der Folge seine hörige Braut von den Liebkosungen des Gutsherrn, die dieser als Entschädigung für seine Einwilligung zur Verheiratung derselben vorwegnahm, loskaufen und diese Gebühr bereicherte unseren Sprachschatz mit einigen sehr bezeichnenden, aber eben deshalb desto unanständigeren Ausdrücken und das einzige unverfänglich aussehende Wort zur Bezeichnung jener Abgabe ist der Ausdruck: Schürzenzins. Nur einen Gutsherrn hat es, wie allen Musikliebhabern bekannt ist, gegeben, der auf das Jus primae noctis ohne auf einen Schürzenzins Anspruch zu machen, Verzicht geleistet hat, der Graf Almaviva nämlich in Mozarts Hochzeit des Figaro. Dieser für den Juristen so interessante Fall wird uns gleich in der ersten Szene des ersten Aktes mitgeteilt. Es ist die Rede von der Aussteuer, die der Graf Susannen gegeben, und Figaro hält dieses Geschenk für eine Belohnung seiner Verdienste, doch Susanne klärt ihren Bräutigam über die wahre Natur dieser Aussteuer auf:

»Er bestimmte sie dazu, von mir ein gewisses Viertelstündchen zu erkaufen, welches das alte Lehenrecht –«

Figaro aber, der die schönen Kenntnisse aus dem alten Lehenrecht die seine Braut besitzt, nicht weiter erproben will, läßt sie ihre Definition des Jus primae noctis nicht vollenden, und unterbricht sie mit der Frage:

»Wie, hat es der Graf im Lehensbriefe nicht aufgegeben?«

»Das wohl«, erwidert Susanna, »aber es hat ihn gereut, und es scheint, als wenn er es von mir wieder einlösen wollte.«

Diese vertrauliche Mitteilung, daß der Graf das lehenrechtliche Viertelstündcnen sammt dem dazu gehörigen Gedankenstrich, auf welche beide er Verzicht geleistet, nunmehr als Gunst von Susannen verlange, erweckt Figaros tiefsten Baß, und er singt in der zweiten Szene die prächtige Arie: »Will einst das Gräflein ein Tänzchen wagen, mag er's nur sagen, ich spiel' ihm auf.«

In der achten Szene tritt dann ein Chor von Bauern und Bäuerinnen auf, um dem Grafen, dessen theoretische Verzichtleistung sich an dem Hochzeitstage Susannens praktisch bewährt, zu danken:

»Jede Verlobte dank' dem gnäd'gen Herrn, er, der Unschuld ehrt, ist es wohl wert.«

Gleichzeitig leisten sie dem Gutsherrn einen freiwilligen Schürzenzins botanischer Natur, indem sie kleine Blumenkörbchen vor ihm ausschütten. Figaro bittet den Grafen »diesen verdienten Zoll unserer Dankbarkeit nicht zu verschmähen«, denn fügt er, indem er zum Schluß den obligaten Gedankenstrich nicht vergißt, hinzu:

»Sie geben heute ein Recht auf, das die wahre Liebe empört«. –

Der Graf macht gute Miene zum bösen Spiel: »Ich habe mich ja dieses Rechtes begeben, was will Er mehr?«

Doch der schlaue Figaro verlangt einen symbolischen Akt der Verzichtleistung für den vorliegenden Fall, und indem er dem Grafen ein weißes Kleid hinhält, fährt er fort: »Wir werden heute die erste Frucht Ihrer Großmut einernten. Unsere Hochzeit ist schon festgesetzt, und es kommt nur auf Sie an dies junge Geschöpf (auf Susanna zeigend), welches Ihrer Enthaltsamkeit ihre Tugend verdankt, mit diesem weißen Kleide dem Sinnbilde der Unschuld zu bedecken.«

Der Graf ärgert sich zwar bei sich darüber, daß das junge Geschöpf seiner Enthaltsamkeit ihre Tugend verdankt, und daß Figaro die Frucht seiner unüberlegten Großmut einerntet aber laut heuchelt er Aufklärung:

»Als ich dies unbillige Gesetz aus meinem Lehnbriefe vertilgte, tat ich nur meine Pflicht und setzte die Natur in ihre Rechte wieder ein.«

Das peinliche Thema wird endlich noch einmal im zweiten Akte berührt als der Hochzeitszug erscheint, denn der Chor dankt »dem liebreichen Herrn« unter Hinweisung auf jene Wiedereinsetzung der Natur in ihre Rechte:

»Er schützt eure Ehre, er schont eure Unschuld, er sichert auf immer das häusliche Glück.«

So wird also von allen großen Opernbühnen herab bei der jedesmaligen Aufführung der herrlichen Oper Mozarts die Behauptung aufrecht erhalten, das erwähnte Herrenrecht habe wirklich bestanden, und diejenigen, die das Gegenteil behaupten, sollten daher nach meiner Ansicht gegen die Hochzeit des Figaro eine polemische Oper componiren, in der Alles, was gegen das Herrenrecht spricht, in Musik gesetzt würde. Der Chor der Bäuerinnen hätte dann etwa zum Schlusse zu singen:

»Wir haben unsere Tugend uns selbst zu verdanken, denn das Jus primae noctis hat nie existirt.«

Severin wird nun im Auftrage der feudal-clericalen Partei den Nachweis liefern, daß von den frommen Gutsherren des Mittelalters niemals auch nur der Versuch gemacht worden sei, dieses Recht auszuüben, daß nur der Bräutigam für die Ehebewilligung eine Abgabe zu entrichten gehabt habe, die nichts anderes gewesen sei als eine Art von Verzehrungssteuer, wie sie ja auch heute noch, etwa für ein Stück Vieh, das man in geschlossene Städte hineintreibe, entrichtet werden müsse, ohne daß freilich die Liberalen gegen eine solche Ausbeutung des Bauern, da der Ertrag in ihren eigenen Säckel fließe, aufträten. Erst protestantische Schriftsteller hätten in ihrem Haß gegen das katholische Mittelalter über jene liebenswürdige kleine Sportel das Lügengewebe eines angeblichen Jus primae noctis, das in Frankreich Droit de culage, in Italien Cazzaggio genannt wurde, zu spinnen versucht. Der Oheim, der Severin verehrt, hat ihm auf dem Schlosse Gastfreundschaft angeboten, damit er in der ländlichen Abgeschiedenheit und unterstützt durch die reichhaltige Bibliothek über diesen Gegenstand, die der Oheim gesammelt hat, dieses Werk zur größeren Ehre des Mittelalters vollende. Die Arbeit beschäftigt die Beiden so sehr, daß sie von nichts anderem sprechen, als von diesem anregenden Thema, und da ich Zeuge von diesen wissenschaftlichen Unterredungen bin, habe ich bereits, wie du aus dem, was ich dir geschrieben schon entnommen haben wirst, sehr gelehrte Fachkenntnisse mir erworben, mit denen ich im nächsten Winter im Jockey Club verdientes Aufsehen zu erregen hoffe. Die Tante hat mir übrigens mitgeteilt, daß Severin nicht nur zu wissenschaftlichen Zwecken hier verweile, sondern auch um sich zu verheiraten, ein Unternehmen, das mir bei dem frommen Mann auch mehr zu den wissenschaftlichen Zwecken zu gehören scheint, nämlich zu Untersuchungen über die platonische Philosophie. Der Heiratslustige, den ich eher für einen Erfinder, der auf eine Verschärfung des Cölibats ein Patent nehmen wolle, gehalten hätte, als für einen Bräutigam, hat auch schon eine Braut, die Ziehtochter des Postmeisters und Gastwirtes gegenüber dem Bahnhofe. Ich will mir die Braut Severins gar nicht vorstellen, sonst träume ich heute Nacht von ihr und schreie um Hilfe.

Dritter Brief

Derselbe an Denselben

St. Lambrecht – 10. August.

Ich wollte meinen letzten Brief an Dich selbst auf das Postamt an der Eisenbahnstation bringen, da ich ohnehin schon längst eine Spazierfahrt machen wollte und die Straße nach dem Bahnhofe die einzige gute Fahrstraße ist. Leider ist auch diese von nun an für mich unfahrbar geworden. In dem Augenblicke nämlich, da angespannt war, forderte mich der Oheim auf, Severin, der seine Braut besuchen wolle, mitzunehmen, und da diese Bräutigamsbesuche wahrscheinlich sich wiederholen werden, ich aber mit einem solchen Wagengenossen zur Seite bei jedem Graben, an dem wir vorüberkommen, Lust fühle, umzuwerfen, wäre es Tollkühnheit von meiner Seite je wieder eine solche Fahrt zu wagen. Während ich die Pferde lenkte, erzählte mir der Bräutigam, daß er durch einen unglücklichen Zufall auf die Idee gekommen sei, zu heiraten. Seine langjährige Wirtschafterin habe ihm nämlich eine silberne Uhr, die ihm von einem katholischen Jungfrauenverein, in dem er einen Cyclus von Vorträgen über den wohltätigen Einfluß der Keuschheit auf die Gesundheit gehalten habe, als Ehrengeschenk überreicht worden war, aus dem Kasten gestohlen und wahrscheinlich an einen Juden verkauft. Er habe dieselbe zwar nicht benützt, da er immer eine goldene Uhr trage, die ihm die Baronin Sangalli für ein Taschenbuch für Wallfahrter, das er ihr gewidmet, als Ausdruck ihres Dankes und ihrer Bewunderung verehrt habe, aber dennoch bleibe ihm jener Verlust der jungfräulichen Uhr unersetzlich und er habe daher beschlossen, in den, wenigstens gegen solche Gefahren sicheren Hafen der Ehe einzulaufen. Bei der Verderbtheit der Städterinnen habe er es verschmäht, unter diesen seine Frau zu wählen und habe sein Augenmerk auf die noch nicht durch Theater, Bildergalerien und liberale Zeitungen verdorbenen Jungfrauen der Gebirgsgegenden gerichtet, und hier wirklich das geeignete Mädchen gefunden. Er kenne den Ziehvater seiner Braut, der sich um die Förderung des wahren Glaubens in der ganzen Gegend, in der er wegen seiner Wohlhabenheit sehr geachtet sei, große Verdienste erworben, schon seit vielen Jahren und habe um die Hand von dessen Adoptiv-Tochter, die bei den Ursulinerinnen erzogen worden, und ein wahres Muster von Religiosität sei, angehalten, worauf der Vater mit Freuden ihm diese gewährt habe. Seine Braut heiße Monica, ein Name, der erfreulicher Weise in den Gebirgsländern noch häufig vorkomme, und bekanntlich habe die Mutter des heiligen Augustinus ebenso geheißen; dabei verdrehte er seine grünen Augen, als dächte er, es stehe nichts im Wege, daß er selbst Vater eines kleinen heiligen Augustinus würde. Er hoffe die Hochzeit zu feiern, sobald er sein Werk über das Jus primae noctis, das alle Anhänger der Partei mit Spannung erwarteten, vollendet haben werde. Eher als im Mittelalter sei es jetzt möglich, in unserer Zeit, die ja auch die Civilehe, dieses gesetzlich anerkannte Concubinat, eingeführt habe, daß ein solches Jus primae noctis durch einen Reichsratsbeschluß zum Gesetz erhoben würde, freilich nicht mehr als Vorrecht des Adels, der verpönt sei, sondern der Bankiers, Advokaten und liberalen Professoren. Versetzen Sie sich Herr Graf, rief er salbungsvoll, um fünfhundert Jahre zurück, und nehmen wir an, wir Alle hätten damals gelebt, Ihr Herr Oheim, die Frau Tante, Sie, meine Braut und ich. Läßt es sich annehmen, daß Ihr gottesfürchtiger Herr Oheim, auf dessen Gut ja meine Braut geboren ist, auch nur im Traume daran denken könnte, sich an meinem Hochzeitstage ein solches Recht anmaßen zu wollen? Und im Mittelalter, wo die Kirche noch in ihrem vollen verdienten Ansehen stand, waren alle Gutsherren so fromm wie Ihr Herr Oheim und hielten eine kirchlich eingesegnete Ehe gewiß heilig. Ich hieb in die armen Pferde ein, um nicht laut auflachen zu müssen, wenn ich mir meinen alten Onkel die Braut Severins lüstern umarmend und das Erstaunen meiner Tante darüber vorstellte. Doch wir waren bei dem Bahnhof angekommen und stiegen ab. Gegenüber von diesem, in einem Garten, lag das kleine Gasthaus des Schwiegervaters Severins, der Hausknecht eilte herbei und während er die Pferde ausspannte, um sie einzustallen, kam der Wirt zu uns heran. Nachdem mir die beiden Stützen der Kirche das erhebende Schauspiel einer Umarmung geboten hatten, stellte mir Severin seinen zukünftigen Schwiegervater vor, der mir, nachdem er mich eine Weile betrachtet hatte, die schmeichelhafte Versicherung gab, mein Gesicht komme ihm sehr bekannt vor und fragend hinzufügte, ob nicht aus dem katholisch-politischen Verein, den er, so oft er in Wien anwesend sei, regelmäßig besuche, eine Frage, die ich leider nicht zu bejahen vermochte.

Ach, Monica!, rief plötzlich Severin.

Ich hörte den Sand unter leichten Frauenschritten knistern, das Rauschen eines Kleides, ich wandte den Kopf um nach der Braut Severins und sah meine schöne Heilige aus der Dorfkirche. Sie näherte sich langsam und mit einem Lächeln, das mir einen starken Beigeschmack von Resignation zu haben schien, ihrem Bräutigam, der seine häßlichen Hände auf ihre schönen Schultern legte und sie dann auf den blonden Scheitel küßte. Ich setzte meine Hoffnung auf den großen Haushund, der um ihn herumschlich, er werde ihn in die Waden beißen, aber dieser roch den Gesinnungsgenossen, und nachdem er ihn eine Weile beschnuppert hatte, legte er sich beruhigt in die Sonne. Als ihr Severin meinen Namen genannt und ich mich verbeugt hatte, neigte sie zum

Gruße ihren Kopf und schlug dann die großen dunkeln Augen zu mir auf. Ich reichte ihr die Hand, in die sie ein wenig zögernd ihre kleine, ach, gefühllose Hand legte. Ich drückte diese etwas stärker und behielt sie länger als sich für eine erste Begrüßung ziemte. Sie wandte sich errötend nach Severin um, der inzwischen, ohne sich um seine Braut weiter zu kümmern, mit dem Wirte der mit Epheu umrankten Laube des Gartens zugeschritten war. Ich entschuldigte die Lebhaftigkeit meines Grußes: mir sei es gewesen als kennte ich sie schon lange. Ich erzählte ihr, daß ich sie mit ihrem Vater in der Kirche gesehen, ohne zu ahnen, daß sie Braut sei und sie wahrscheinlich zu lange betrachtet hätte, so daß ich ihr Bild nicht mehr aus meinem Gedächtnisse habe bringen können.

Es war dies an dem Tage als mein Bräutigam ankam (und sie betonte das Wort Bräutigam so stark, daß es wie eine Zurechtweisung für mich klang) wir hatten ihm das Geleite bis zum Schlosse Ihres Herrn Oheims gegeben und waren dann in die Kirche gegangen, um Gott für die glückliche Ankunft meines Bräutigams (und sie legte neuerlich einen großen Nachdruck auf dieses häßliche Wort) zu danken. Ich habe Sie nicht gesehen Herr Graf, und nachdem, was Sie mir mitteilen, könnte ich Grund haben, damit zufrieden zu sein, aber der Vater erzählte mir, daß ein junger, eleganter Mann die Andacht der Betenden durch sein geräuschvolles Benehmen gestört hätte. Da mir kein Bewohner des Dorfes bekannt ist, der auf Eleganz Anspruch erheben kann, so scheint er ein Bewohner des Schlosses gewesen zu sein. Waren Sie es vielleicht gar? und bei dieser Frage guckten zwei Spottkobolde aus ihren glänzenden Augen, hüpften dann auf ihre schwellenden Lippen und spielten in den rosigen Mundwinkeln.

Sie rächen sich, mein Fräulein, für die Aufrichtigkeit, mit der ich Ihnen gestand, daß ich Ihr Bild nicht wieder vergessen konnte. Aber das passirt Einem sehr leicht mit schönen Bildern. Ich werde auch niemals das Bild der Herodias in unserer Gemäldegalerie in Wien vergessen, der der Kopf des enthaupteten Täufers auf einer Schüssel servirt wird. Auch Sie, mein Fräulein, lächelten eben gerade so reizend spöttisch wie Herodias. Ich beginne jetzt zu fürchten, daß alle schönen Frauen so lächeln, wenn sie sehen, daß man ihretwegen den Kopf verloren hat. Sie irren aber, wenn Sie glauben, daß ich damals die Andacht der Anwesenden stören wollte, ich hatte nur den tollkühnen Plan gefaßt, Ihre Aufmerksamkeit zu erregen, und Sie sehen, da es mir leider nicht gelang, daß ich die wirkliche Andacht nicht gestört habe.

Severin und der Vater sind in die Laube vorausgegangen, wollen Sie ihnen nicht folgen?

Versprechen Sie mir vorerst, daß Sie mich Ihrem Vater nicht als den Kirchenschänder verraten werden, er hat mein Gesicht wieder erkannt, aber sich glücklicher Weise nicht wieder erinnert, wo er es gesehen hatte. Es macht mich glücklich, daß nur wir zwei von diesem Geheimniß wissen, und es ist so unschuldig, daß Sie es nicht zu beichten brauchen.

Ich will Sie nicht verraten unter der Bedingung, daß Sie nie mehr darüber sprechen, – vorausgesetzt, daß Sie überhaupt Willens sind uns wieder zu sehen und mit einem einfachen Landmädchen zu sprechen.

Sie, Fräulein Monica, nicht wieder sprechen, und wenn ich Trappist wäre und das Gelübde ewigen Schweigens abgelegt hätte, ich würde es brechen, um mit Ihnen sprechen zu können.

Fräulein Monica!, rief eine weibliche Stimme aus der Küche heraus.

Die Köchin braucht wahrscheinlich meinen Rat in einem schwierigen Fall, der in einer Bratpfanne entstanden ist.

Sie machte einen Knix und lief gegen die Küche. Während des Laufens hatte sie mit beiden Händen Kleid und Unterrock zusammengenommen, so daß ich ihre kleinen Füße sah und noch einen handbreiten blütenweißen Streif über dem Rande ihrer schwarzen Stiefelchen. Ist das vielleicht Koketterie, fragte ich mich oder wissen die Heiligen, die ein verführerisches Bein haben, nichts davon, ahnen sie nicht, daß ein junger Mann es bewundert, wenn ihm die Gelegenheit dazu geboten wird, und daß was das Auge nur zum Teil sieht, die Phantasie sofort ganz in Besitz nimmt? So macht ein Mädchenstrumpf uns zu Philosophen. Ich erwog das psychologische Problem, während ich zur Laube ging. Die beiden Männer hatten Schüsseln und Flaschen vor sich und sprachen vom Geschäfte: von Unterschriften, die unter den Bauern gesammelt werden sollten, um die Agitation gegen die neuen liberalen Gesetze zu unterstützen. Sie luden mich ein, mit ihnen zu frühstücken, aber ich zog es vor, meine Flasche für mich zu trinken, zu rauchen und nach den Fenstern der Küche zu sehen. Ich war betrübt: man hatte Monica offenbar gezwungen, Severin ihre Hand zu geben, den sie nur verabscheuen konnte. Um ihn zurückzuweisen, mußte sie die Liebe eines anderen Mannes schützen. Sollte ich der Perseus sein, der diese arme Andromeda von dem Ungeheuer befreien würde, dem man sie Preis gegeben hat? Ich hatte den Kopf in die Hand gestützt und wie ich nach dem Fenster schielte, sah ich sie in der Küche einige Schritte vor demselben stehen und nach mir blicken. Als ich den Kopf erhob, wandte sie rasch ihren Blick nach der Laube und verschwand wieder vom Fenster. Nach einer Weile kam sie in den Garten, ging ohne mich anzusehen in die Laube und setzte sich neben Severin. Ich erhob mich, ging im Garten auf und ab und so oft ich an der Laube vorüberkam, sah ich, daß sie ihren Bräutigam verstohlen von der Seite mit einer gewissen Zärtlichkeit ansah. Es ist unmöglich, sagte ich mir, daß sie ihn liebt, er hat vielleicht in ihren Augen den Vorzug vor mir, daß er kirchlich ist, während ich weltlich bin, aber seine widerwärtige Frömmigkeit allein kann doch einem schönen Mädchen, und wäre es selbst bei den Ursulinerinnen erzogen worden, nicht genügen. Warum sah sie ihn nicht so zärtlich an, als sie ihm entgegen kam, um ihn zu begrüßen. Will sie mich verhindern, sie zu lieben, indem sie mir zeigt, daß ihr Herz nur ihm gehört? Ach was, die Zärtlichkeit erklärt sich ganz einfach; sie weiß, daß ich in sie verliebt bin, und zeigt mir jetzt ihre Zärtlichkeit, wie sie mir früher ihren Fuß gezeigt hat. Nachdem ich mir ihre zärtlichen Blicke in dieser einfachen Weise erklärt hatte, fühlte ich, daß ich eifersüchtig war. Ich ließ anspannen, um so meinen Nebenbuhler, da ich ihn nicht verdrängen konnte, zu entführen. Ich trat in die Laube als Severin gerade über die Viehseuche sprach: Entschuldigen Sie Herr Severin, daß ich Sie so schnell schon aus den Armen Ihrer Braut reiße. Seien Sie mir nicht böse, mein Fräulein, fuhr ich zu Monica mich wendend fort, aber auch die Kirche hat einen Anspruch auf Ihren Bräutigam, er verzögert, wenn er länger verweilt, die Arbeit, die er zu deren Verherrlichung unternommen, und damit auch seine Heirat. Der Wagen war bereit, Severin drückte seine Lippen, wahrscheinlich in Folge langer Übung auf dieselbe Stelle des Scheitels seiner Braut, die er bei seiner Ankunft geküßt hatte, und ich reichte ihr die Hand, in die sie diesmal ohne mich anzublicken, nur zwei Finger legte.

Als ich nach Hause kam, ließ mich der Oheim rufen, um mir mitzuteilen, daß er für mich um die Stelle eines Attachés bei unserer Botschaft in Rom angesucht habe, und hielt hierauf eine feierliche Ansprache an mich, aus der ich entnahm, daß es die Hauptaufgabe eines Diplomaten sei, an Freitagen kein Fleisch zu essen, und daß die Sprache nicht dazu da sei, um, wie Talleyrand glaubte, unsere Gedanken zu verbergen, sondern um so viel als möglich zu beten, so daß ich glaube, der Oheim hätte klüger daran getan, statt für mich unverbesserlichen Sünder für Severin um das Amt eines Attachés anzusuchen. – Der Ausflug hatte weder Severin noch mir gut bekommen: er war so unwohl, daß er zu Bette gehen mußte, und ich war von einer so fieberhaften Unruhe erfaßt, daß ich nicht schlafen konnte. Ich ging, als schon längst Alle im Schlosse schliefen, in meinem Zimmer auf und ab, ohne doch etwas zu denken. War es die Mitteilung des Oheims, daß ich berufen sei, in das Rad der Geschichte als Attaché mit einzugreifen, die mich so aufgeregt hatte, oder war es das Gewitter, das in der Luft lag? Ich ging zum Fenster und schaute zum Himmel hinauf, auf dem der gelbe Mond vor den plumpen ihm nacheilenden Gewitterwolken flüchtete, und nur noch hie und da ein kleines Sternlein ängstlich flimmerte. Von Zeit zu Zeit erhob sich ein Windstoß, daß die alten Bäume im Parke aus ihrem Nachtschlafe aufstöhnten, und zuckte ein Blitzstrahl über die sich duckenden schwarzen Wälder hin, daß die fahlen Felsschroffen wie Gespenster aus der Finsterniß auftauchten. Da hörte ich plötzlich den Namen: Monica leise rufen. Ich sah mich erstaunt um, aber es war Niemand im Zimmer außer mir, und so werde ich ihn wohl gerufen haben. Kennst du diese Symptome, lieber Paul? Ich glaube, das ist die berühmte unglückliche Liebe!

Vierter Brief

Derselbe an Denselben

St. Lambrecht – 22. August.

Das Auge der Vorsehung scheint über Severin während des Frühstücks, das er bei seinem Schwiegervater eingenommen hatte, nicht gewacht zu haben, denn er hatte sich den Magen verdorben und mußte einige Tage das Bett hüten. Den Tag nach der Gewitternacht, in der ich dir meinen vorigen Brief geschrieben, hatte der Himmel einem anhaltenden Landregen gewidmet, so daß ich das Schloß gar nicht verließ. Ich will dich nicht damit langweilen, wie ich mir die Zeit vertrieben, denn es war nur ein einziger Gegenstand, der mich beschäftigte und den ich sogar in einem lyrischen Gedichte besang. Erschrick nicht, es liegt dem Briefe nicht als Beilage bei. Der folgende Morgen war wundervoll und ich beschloß einen Kogel zu besteigen, von dem aus man eine prächtige Rundschau genießen soll. Als ich eine Stunde gewandert war, entdeckte ich, daß ich nicht nach dem Kogel ging, sondern nach dem Bahnhofe und schlenderte weiter fort, ohne recht zu wissen, unter welchem Vorwand ich im Gasthause erscheinen könne, ohne etwa gar der Verliebtheit verdächtig zu erscheinen. Sollte ich vom Wirte einen Eimer Wein kaufen und heucheln, derselbe habe mir vorgestern so außerordentlich geschmeckt, daß ich meine Gemütsruhe nicht wieder erlangen könnte, bis ein Faß von demselben in unserem Keller läge? Oder sollte ich ihn fragen, ob ihm nicht sein großer Haushund feil wäre da ich ihn meiner Tante zu ihrem Geburtstage schenken möchte? Oder sollte ich mich ihm als einen heimlichen Geflügelfreund zu erkennen geben und ihn um ein Recept gegen den Pips der Hühner ersuchen? Ich glaube, du wirst daraus mein angeborenes Talent für die Diplomatie erkennen, aber ich hatte noch keinen bestimmten Entschluß gefaßt, als eine schwere offene Landkutsche, in der Niemand saß, dahergefahren kam. Auf meine Frage, wessen Wagen dies sei, erwiderte der Kutscher, es sei der Wagen des Postmeisters. Die Ziehtochter desselben wolle nämlich ihren kranken Bräutigam im Schlosse besuchen, und sei eben abgestiegen, um den schöneren Waldweg zur Rechten, an dessen Ende er sie erwarte, zu gehen. Ich tat, als ob ich meines Weges weiter ginge, aber nachdem ich dem Kutscher aus den Augen war, rannte ich querfeldein dem Walde zu und sah bald in einiger Entfernung die schönen Wellenlinien einer anmutigen Mädchengestalt, welche, da der Boden an vielen Stellen durchweicht war, hin und wieder auf den Fußspitzen ging, und wenn manchmal ein größeres Gerinne, das der Regen gebildet hatte, von dem aufsteigenden Wald den Weg hinab rieselte, vorsichtig von einem Steine in dem Geriesel auf den andern hüpfte, und indem sie dabei das Kleid besorgt in die Höhe hob, das Geheimniß eines wunderbaren Beines ahnungslos preisgab. Nachdem ich langsam folgend dieses entzückende Schauspiel eine Zeit lang genossen hatte, lief ich in das Waldesdickicht und als ich sie, ohne daß sie mich hätte sehen können, ziemlich weit überholt hatte, kam ich wieder auf den Weg und ging Monica entgegen. Sie war überrascht, als sie mich kommen sah, und wenn sie auch sofort wieder ihre Heiligenmiene annahm, hatte ich doch bemerkt, daß ihr die Begegnung willkommen war. Ich rief ihr Guten Morgen zu und obwohl ich sie, als wir zusammen getroffen waren, am liebsten in meine Arme geschlossen hätte, begnügte ich mich doch, ihre Hand zu fassen und diese zu küssen. Sie sah mich mit einem strafenden Blicke an, nahm dann ihren Handschuh aus der Tasche und zog diesen demonstrativ mit feierlicher Langsamkeit an. Erst, nachdem sie diesen zugeknöpft und die Falten desselben geglättet hatte, fragte sie mich besorgt nach dem Befinden ihres kranken Bräutigams, den sie besuche. Ich wollte schon erwidern, er sei heute Nacht in meinen Armen verschieden, um zu sehen, ob sie erschrecken würde. Allein ich nahm nur eine ernste Miene an und schüttelte mehrere Male den Kopf. Sie öffnete ein wenig die schwellenden Lippen, zeigte mir die weißen Zähne und stieß dann ein herziges kleines Jesus! aus. Nachdem sie so die Ceremonien des Erschreckens erfüllt hatte, fragte sie:

Er ist doch nicht ernstlich krank?

Das nicht, aber er hat in die Leistungsfähigkeit seines Magens größere Erwartungen gesetzt, als dieser leider zu erfüllen vermochte.

Wie können Sie eine Braut so erschrecken?

Sie sind auch in der Tat ganz bleich geworden, Fräulein Monica.

Obwohl sie sich aber keiner Seelenangst bewußt war, die ihrem Teint in der von mir angedeuteten Weise hätte schaden können, stellte sie sich wenigstens als glaube sie daran.

Das ist auch leicht erklärlich, wenn Sie mich so boshaft ängstigen. Warum necken Sie mich übrigens so mit meinem Bräutigam, Herr Graf?

Glauben Sie, Fräulein Monica, daß Sie ihn lieben?

Ich liebe ihn so, wie eine fromme Christin den Mann liebt, mit dem sie den heiligen Bund der Ehe schließen soll.

Die Liebe kann man nicht aus dem Katechismus lernen. Ich glaube zwar selbst, daß Severin ein sehr unbeschwerlicher Ehemann sein wird, aber –

Genug Herr Graf, unterbrach sie mich, sonst ist es besser wir trennen uns.

Um Gotteswillen, nein, wenn ich Sie verletzt habe, so konnte es nur geschehen, weil ich fühle, daß Sie Niemand so lieben kann, wie ich. Meine Liebe aber ist bescheiden, ich will mich zufrieden geben, wenn ich Sie sehen, sprechen und Ihnen manchmal die Hand drücken darf.

Dabei faßte ich diese und zog sie an meine Lippen. Sie ließ mich diesmal gewähren und wir gingen eine Weile schweigend neben einander, ohne daß sie daran gedacht hätte, ihre Hand, die ich noch immer in der meinigen hielt, mir zu entziehen. Sie brach zuerst das Schweigen: Mein Adoptivvater, der mich als Kind zu sich genommen und erziehen ließ, will auch, daß ich Severin heirate. Wenn ich mich widersetzte, wozu ich aber, fügte sie rasch hinzu, keinen Grund habe, da ich mit meinem Lose vollkommen zufrieden bin, bliebe mir nur übrig, ins Kloster zu gehen. Ich bin zwar schon zwanzig Jahre alt, aber trotzdem – und dabei lächelte sie mich an – kommt mir manchmal vor, ich sei noch jung.

Ich war gerührt und sie merkte es. Wir hatten das Ende des Waldweges erreicht, wo dieser in die Fahrstraße mündete. Wir sahen die Kalesche in einiger Entfernung warten. Wann werde ich Sie wiedersehen, Monica?

Sie eilte, ohne zu antworten, dem Wagen zu, aber nachdem sie einige Schritte gemacht hatte, wandte sie sich um und rief:

Ich werde morgen wieder Severin besuchen.

Ich kam absichtlich erst mehrere Stunden später nach Hause und ließ mir als Neuigkeit erzählen, Severin habe von seiner Braut einen Besuch erhalten. Die Tante war von Monica so entzückt gewesen, daß sie ihr beim Abschied eine Busennadel mit dem Bilde des Pabstes zum Geschenk gemacht hatte, und sie erzählte mir, noch erfreut über den frommen Sinn der Braut Severins, daß diese das Bild sofort geküßt habe. Der Oheim dagegen war im hohen Grade aufgebracht, er machte seinem Grimm gegen die moderne Schule Luft, deren einziger Zweck nur mehr sei, die Jugend zum Unglauben zu erziehen, gegen die Naturwissenschaften und insbesondere gegen die medicinische Wissenschaft, die die Grundsätze des politischen Liberalismus angenommen habe, nur niederzureißen, ohne aufzubauen, nur zu leugnen, ohne eine Wahrheit dafür zu geben, nur zu experimentiren, ohne Resultate zu erreichen. Der Arzt nämlich, den man an das Krankenbett Severins aus dem nächsten Städtchen berufen hatte, entpuppte sich, nachdem er die Zunge des Patienten besehen und ihn einige Male prüfend in den Leib gekniffen hatte, als Erzliberaler. Er war erst vor einigen Tagen aus Wien nach dem Städtchen gezogen, war noch nicht vertraut mit den Verhältnissen des Landes und kannte daher auch noch nicht die Gesinnungen des Oheims. Er ließ unvorsichtig seiner Zunge freien Lauf, zog fürchterlich gegen die Pfaffen los, ja er erfrechte sich zu behaupten, daß sie an allem Unheil, das Österreich je widerfahren, Schuld trügen, und stieß schließlich die gefährliche Drohung aus, er ließe, wenn es auf ihn ankäme, Alle, die es mit ihnen hielten, so lange schröpfen, bis sie keinen Tropfen ihres galligen Blutes mehr im Leibe hätten. Nachdem er nun angeordnet hatte, daß Severin, der auch an Seitenstechen litt, zwei Blutegel gesetzt werden sollten, besorgte dieser wahrscheinlich, der pfaffenfeindliche Arzt könnte durch das Befühlen des Unterleibes des Patienten dessen clericale Gesinnung diagnosticirt haben, und nahm Anstand, sich von den anticlericalen Egeln sein frommes Blut aussaugen zu lassen, so daß ein weniger Besorgniß erregender Arzt geholt werden mußte.

Du wirst wohl begreifen, mit welcher verliebten Ungeduld ich den nächsten Morgen erwartete. Was ist die Spannung und Aufregung des Jägers, der im Walde birscht, gegen die des Verliebten, der dort auf ein reizendes Menschenkind Jagd macht, der bei jedem Rauschen der Blätter den Tritt der Geliebten zu hören, der hinter jedem Baum bald ein Band ihres Kleides flattern, bald die Spitze ihres Schuhes zu sehen glaubt, und dem bei jeder Krümmung des Waldsteiges das Herz pocht, weil er ihr plötzlich zu begegnen hofft. Ja, wir Verliebten sind dumm, aber wir möchten unsere glückliche Dummheit nicht mit der Weisheit des Aristoteles vertauschen. Als ich an die

Stelle gekommen war, wo ich gestern Monica begegnet hatte, hörte ich plötzlich ihre helle Stimme aus dem Walde heraus mich rufen. Ich blickte in den Wald und sah sie auf einem breiten Baumstumpf sitzen, aber in demselben Augenblicke war sie auch schon aufgesprungen und kam hüpfend und laufend auf den Waldweg herunter. Während ich sie bis jetzt nur in einem bis zum Halse geschlossenen Kleide gesehen hatte, trug sie heute ein ausgeschnittenes Kleid, und Büste und Nacken, die frauenhafte Üppigkeit zeigten, erhielten nur durch einen durchsichtigen Tüllstoff, durch den noch die glänzende weiße Haut schimmerte, den Anschein, verhüllt zu sein.

Ach, wie schön Sie sich für Ihren Bräutigam gemacht haben, Monica, rief ich, sie bewundernd, er wird wohl seinen Schutzheiligen anrufen müssen, um der Versuchung widerstehn zu können, auf diese Schultern einen Kuß zu drücken.

Ich habe mich nicht schöner gemacht als sonst, erwiderte sie, mich unschuldig anblickend, ich wüßte auch keine Veränderung, die mit mir geschehen wäre; ich habe nur ein anderes Kleid angezogen, an das ich die schöne Busennadel, die mir gestern die Frau Gräfin, Ihre Tante, geschenkt hat, anstecken kann.

Richtig, sie teilte mir ja mit, daß Ihre Frömmigkeit einen so tiefen Eindruck auf sie machte, daß sie Ihnen um Sie im Glauben zu stärken, diese ihre Lieblingsnadel gegeben hat. Sie hat sie früher selbst mit Vorliebe getragen, aber leider hat inzwischen ihr Umfang in so bedeutendem Masse zugenommen, und ihr Busen hat einen solchen hohen Grad der Entwicklung erreicht, daß der von ihr so hochverehrte Pabst, wenn sie ihn vorn an demselben trüge, zu weit entfernt von ihrem Herzen wäre.

Sie sind ein Spötter, und nicht einmal für den heiligen Vater empfinden Sie Verehrung!

Ich hätte keine Verehrung für den Pabst, rief ich, indem ich stille stand und die Blicke sehnsuchtsvoll nach dem Bilde desselben an ihrem Busen richtete. O, wie ich ihn liebe, den heiligen Vater, welchen Perlenglanz er verbreitet, wie rührend er emporblickt der Gefangene des Vatican, wie sein leises Beben mein Mitgefühl hervorruft, ach ich muß ihn küssen, und dabei küßte ich, mich niederbeugend, das Bild mit einer Inbrunst, mit der gewiß noch nie das Bild eines Pabstes geküßt worden ist. Sie wehrte nicht diesem Ausbruche meines religiösen Fanatismus, und ich arrondirte das Gebiet, das sie meinen Lippen freigegeben hatte; indem einige meiner Küsse von dem Bilde ab auf den Busen glitten, aber da diese unter päbstlicher Flagge segelten, die die Ladung deckte, ward Monica sie nicht gewahr.

Sie sehen, Monica, sagte ich, als ich meine Andacht beendet hatte, daß ich frömmer bin als Sie glauben. Übrigens werde ich bald seine ehrwürdige Person selbst sehen, denn der Oheim hat aus mir einen Attaché unserer Botschaft in Rom gemacht.

Es wird doch noch lange dauern, bis Sie abreisen, rief sie und faßte mich dabei am Arme.

Haben sie mich denn ein bischen lieb, Monica?

Aber statt zu antworten, fragte sie: Und werden Sie nicht wiederkommen?

Es ist bei meinen großen diplomatischen Anlagen möglich, daß man mich nicht entbehren kann, sollten diese jedoch nicht nach Verdienst gewürdigt werden, so werde ich sehr oft Alle, die ich liebe, wiedersehen.

O, Sie werden wiederkommen, ich weiß es, rief sie.

Ich sehe, Monica, antwortete ich lachend, Sie setzen auf meine Talentlosigkeit das größte Vertrauen.

Seitdem sie erfahren hatte, daß ich bald von ihr scheiden würde, war Monicas Strenge der Zärtlichkeit gewichen. Wir begegnen uns jetzt täglich im Walde, obwohl Severin wieder genesen ist und sie ihn daher nicht mehr im Schlosse besucht. Wir gehen Hand in Hand, plaudern, lachen und küssen uns, und manchmal teilen wir uns unsere Gedanken nur durch Küssen mit, denn der einzige Gedanke, der uns interessirt, ist, daß wir uns lieben, und wie ließe sich dieser besser mitteilen, als indem man die Lippen aneinander preßt und sich umschlungen hält. Ich habe den ersten Kuß geraubt, den zweiten nach langem Kampf erobert, den dritten durfte ich mir zur Belohnung nehmen, weil ich ihr auf ihr Verlangen versprochen hatte, nie wieder einen zu rauben oder zu erobern, den vierten erhielt ich zur Strafe, weil ich sie ungeachtet ihres ausdrücklichen Verbotes mit Du angeredet hatte und sie kein anderes Mittel wußte, mir den losen Mund zu stopfen, und die zehntausend anderen Küsse tauschten wir, weil der Himmel blaute, die Sonne schien, die Welt so schön und wir so jung waren. Das Küssen ist ein Thema mit immer neuen überraschenden Variationen und wir haben uns noch keinen Kuß gegeben, der das Motiv, daß wir uns lieben, nicht anders ausgedrückt hätte als alle Küsse vorher. Scheint dir das zu wenig für eine glückliche Liebe? Mir hat die Sehnsucht noch nicht die Liebe zu verbittern vermocht. Der Zufall war immer meine Vorsehung, auf die ich vertraut habe. Ihm will ich als gläubiger Leichtsinniger auch fernerhin meine Geschicke anheimstellen.

Fünfter Brief

Derselbe an Denselben

St. Lambrecht – Ende August.

Lieber Paul!

Severin ist, seitdem ihn der Himmel mit einem verdorbenen Magen heimgesucht hat, noch um zwei Centimeter magerer und um ebenso viele Rosenkränze täglich frömmer geworden. Er scheint sich gewissen geheimnißvollen Anspielungen nach zu urteilen, die er manchmal in die Gespräche einfließen läßt, der Ansicht hinzugeben, daß der Versucher sich ihm in der Gestalt jenes Arztes, von dessen haarsträubenden Äußerungen über die Clericalen ich dir neulich schrieb, genähert habe, um ihm in der therapeutischen Form zweier Egel das Blut auszusaugen. Er arbeitet in Folge dieser Gemütsstimmung an seinem Buche mit einem Eifer, der mich erschreckt, denn jeder neue Bogen, den er fertig bringt, bringt ihn auch der Hochzeit näher.

Im ganzen Schlosse grassirt jetzt das Buch Tobias: Der Oheim studiert es, die Tante erbaut sich daran, ich habe es gelesen, das ganze Gesinde buchstabirt es und Severin erläutert es täglich während und nach dem Mittagsessen. Dasselbe gehört zu den Apokryphen und enthält die an Wundern aller Art reiche Geschichte des frommen Juden Tobias und seines ebenso frommen Sohnes Tobias, die sich schon im achten Jahrhundert vor Christus zugetragen hat, deren Wahrheit aber von ketzerischen Bibelkritikern angefochten wird. Wenn man aber bedenkt, wie entfernt die Zeit ist, in der diese Geschichte spielt, wird es jedem denkenden Men-

37

schen unglaublich erscheinen, daß sich die bezweifelten Wunder nicht wirklich ereignet haben sollen. Das Tridentinische Concil erklärte auch, daß das Buch Tobias buchstäblich wahr sei, und daß Derjenige, der nicht daran glaube, der Kirche nicht mehr angehören solle. Der Gläubige also, der sich durch die Beschlüsse dieses Concils für gebunden erachtet, genießt neben vielen anderen Vorteilen auch den, daß sich für ihn die hübschen Wunder des Buches Tobias wirklich zugetragen haben.

Der Sachverhalt ist in Kurzem Folgender: Tobias war ein frommer Jude, der sich aus diesen beiden, eben angeführten Gründen, wahrscheinlich aber mehr aus dem letzten Grunde, binnen Kurzem ein bedeutendes Vermögen erwarb. Er lebte im Exil zu Ninive, denn die Handlung spielt in jener schönen Zeit, da der verdienstvolle König der Assyrier, Salmanassar, dem Reiche Israel ein Ende gemacht und die Juden in die Gefangenschaft geführt hatte. Als dieser jedoch, der den Tobias begünstigt hatte, starb, bestieg sein Sohn Sancherib den Tron, der den Tobias des Vermögens beraubte, dieses Besitzes jedoch sich nur kurze Zeit erfreute, da der Judenfeind von seinen braven eigenen Söhnen schon nach fünf und vierzig Tagen erschlagen wurde, die dem Tobias sein Vermögen wiedergaben. – Solche große Fluctuationen im Besitzwechsel kamen schon damals vor, wo noch nicht eigene Fondsbörsen zu diesem Zwecke errichtet worden waren. – Der gottesfürchtige Tobias aber mußte sich, da der Himmel seine Geduld erproben wollte, einer schweren Prüfung unterziehen, denn »da er schlief, fiel aus einem Schwalbenneste der warme Kot auf seine Augen und er ward blind«. Einem solchen Examen werden in der Bibel, Gott sei Dank, immer nur die Frommen unterzogen, was gewiß zur Beruhigung der Gottlosen in damaliger Zeit nicht wenig beigetragen haben wird. Doch der Candidat bestand seine Prüfung mit sehr gutem Erfolge, denn er beklagte sich nicht im Geringsten, dagegen machte ihm seine ungeprüfte Frau, Anna, das Leben von nun an derart sauer, daß er sich den Tod wünschte. In der Erwartung desselben rief er seinen Sohn Tobias junior zu sich und beauftragte ihn, eine ausständige Schuld von zehn Talenten Silber in Medien einzucassiren. Als sich dieser auf den Weg machen wollte, bot sich ihm als Reisebegleiter und Wegweiser der Engel Raphael an, der incognito unter dem Namen eines Herrn »Azarias, des großen Ananias Sohn«, reiste. Als nun auf ihrer Wanderung Tobias an dem Fluße Tigris Rast machte, zu dem gewiß löblichen Zwecke, in demselben »seine Füße zu waschen«, schwamm ein ungeheurer Fisch heran, der ihn verschlingen wollte. Der Geheimengel gab aber dem jungen Tobias den guten Rat, darauf nicht einzugehen, sondern den Fisch lieber bei den Kiemen ans Land zu ziehen und auszuweiden, dabei aber Herz, Galle und Leber, die ganz unschuldige Hausmittel, teils gegen böse Geister, teils gegen Augenkrankheiten seien, aufzubewahren. Nachdem Tobias diesen Rat befolgt hatte, fragte er seinen englischen Reisegefährten Master Azarias, wo sie übernachten sollten und der schlagfertige, nie um einen guten Rat verlegene Engel, antwortete ihm, nichts sei einfacher. Es wohne nämlich in der Nähe ein reicher Mann, Namens Raguel, der eine einzige Tochter Sara habe und diese möge Tobias heiraten. Durch diesen Rat schien nun die Quartierfrage allerdings erledigt zu sein, nur hatte Tobias noch ein kleines Bedenken. Er habe nämlich gehört, daß die erwähnte Braut schon sieben Männern vermälet worden, die alle gestorben seien, und zwar solle diese, einem On dit zu Folge, ein böser Geist getödtet haben. Der Engel aber erklärte dem jungen unerfahrenen Reisenden dieses rätselhafte Vorkommniß in sehr einfacher Weise. Der Teufel habe nämlich nach den ihm eingeräumten Machtbefugnissen nur über Diejenigen Gewalt »die ihrer Wollust also pflegen, wie ein Pferd und Maulesel, die keinen Verstand haben«. Tobias aber möge sich, um ganz sicher zu gehen, seiner Braut durch drei Tage enthalten und dafür in der Brautnacht die Fischleber anzünden, durch deren Dampf der böse Geist, der wahrscheinlich schwach auf der Brust war, und jenen daher nicht vertragen konnte, vertrieben werden würde. Erst nach drei der Enthaltsamkeit gewidmeten Nächten möge er sich seiner jungen Frau nähern, aber auch da nur als ganz harmloser simpler Kinderfreund, oder wie es in der Bibel heißt, »mehr aus Liebe zu Kindern als aus Lust.« Tobias befolgte diesen Complex von guten Ratschlägen, hielt um die Hand Saras an und da der Vater derselben freudig einwilligte, war damit auch für Kost, Quartier und Wäsche vorgesorgt. In Folge der angezündeten Fischleber, die neuerdings ihren Ruf als probates Vertilgungsmittel böser Geister bewährte, sowie der gewissenhaft befolgten Enthaltungsdiät, blieb Tobias, trotzdem er die so gesundheitsschädliche Sara geheiratet hatte, frisch und gesund. Er bat Raphael statt seiner die ausständige Schuld in Medien einzutreiben, welcher Aufgabe sich der geriebene Engel mit großer Geschäftsroutine erledigte. Der junge Ehemann kehrte darauf mit seiner Frau und Raphael nach Hause zurück, befolgte dort die ärztliche Verordnung des Engels, die Augen des Vaters mit Fischgalle zu bestreichen und nach Ablauf einer halben Stunde war der Patient gründlich geheilt. Azarias legte sein Incognito ab, gab sich als Engel zu erkennen, und verschwand ohne weitere Abschiedsceremonien. Der gute alte Tobias aber lebte noch zwei und vierzig Jahre in Freuden und ergötzte seine Angehörigen hie und da durch seine Weissagungen. Er weissagte den zukünftigen Glanz und Ruhm Jerusalems und eine gründliche Verbesserung des Straßenpflasters, denn, prophezeite er, mit »weißem und reinem Steine werden alle Straßen gepflastert«, erlebte aber das bessere Pflaster nicht mehr, obwohl er erst im Alter von hundertzwei Jahren starb. Der jüngere Tobias aber lebte in sehr geordneten Vermögensverhältnissen, denn er wurde Universalerbe seines Schwiegervaters Raguel.

Er sah seine Kindeskinder bis in das fünfte Geschlecht und diese scheinen sich sämmtlich einer unverwüstlich heiteren Laune erfreut zu haben, denn die Bibel sagt wörtlich:

»Und nachdem er neun und neunzig Jahre vollendet hatte in der Furcht des Herrn begruben sie ihn mit Freuden.«

Obwohl nun Einige behaupten, das Buch Tobias sei nichts anderes als ein chaldäisch-persischer Roman, den ein Berthold Auerbach der damaligen Zeit gedichtet, spielte es doch im Mittelalter eine sehr wichtige Rolle und sein Inhalt galt für heilig. Erzbischöfe und Bischöfe erließen Befehle, daß die Neuvermälten während der ersten drei Tage und Nächte nach dem Beispiele des jungen Tobias einander fern bleiben sollten, der Priester, der die Trauung vornahm, mußte die Enthaltsamkeit dem Ehepaare einschärfen und diese soll auch, was sich aber freilich schwer nachweisen läßt, strenge befolgt worden sein. Die Leugner des Jus primae noctis und also auch Severin berufen sich nun hierauf und erklären, es sei undenkbar, daß der Gutsherr ein solches Recht genossen haben solle, da den Neuvermälten selbst erst am vierten Tage die Ehe zu vollziehen erlaubt gewesen sei. In der späteren Zeit aber wurde jungen Ehepaaren, die pressirt waren, von der Kirche ein Dispens von dieser dreitägigen Enthaltsamkeit erteilt, und in unserer Zeit der Eisenbahnen und Telegrafen, in der der Satz gilt: Zeit ist Geld, dürfte eine solche Zeitvergeudung, wie sie sich der junge Tobias gestattete, wohl selten mehr vorkommen und der Dispens gar nicht mehr nachgesucht werden.

Severin nun hat in seinem Buche diesem Gegenstande mehrere Bogen gewidmet, die er uns auch schon vorgelesen hat. Es wimmelt darin von Ausfällen auf die Ehe in unserer glaubenlosen Zeit und er vergleicht unter Anderem die Keuschheit, die der junge Tobias und Sara in der Brautnacht beobachtet haben, mit dem erschreckenden Benehmen der Braut und des Bräutigams in dem Gedichte des unsittlichen

Heiden Goethe: »die Brautnacht«. Er citirt mehrere Stellen und endlich die Schlußstrophe:

Wie bebt vor Deiner Küsse Menge
Ihr Busen und ihr voll Gesicht!
Zum Zittern wird nun ihre Strenge,
Denn Deine Kühnheit wird zur Pflicht

Schnell hilft Dir Amor sie entkleiden
Und ist nicht halb so schnell als Du;
Dann hält er schalkhaft und bescheiden
Sich fest die beiden Augen zu.

So entweiht, ruft darauf Severin aus, Goethe, den man leider noch immer in so vielen christlichen Familien antrifft, das heilige Institut der Ehe, das ist keine christliche Brautnacht, die er uns schildert, das ist eine Haremsorgie, und wenn Goethe es wagt, dieses unsaubere Betragen eines würdelosen Ehemannes »Pflicht« zu nennen, dann darf man sich freilich nicht wundern, wenn die Kinder, die aus einer solchen Ehe entspringen, den Kampf gegen die heilige Kirche »Culturkampf« nennen. Mit Abscheu, behauptet Severin, wendet sich der christliche Leser von dem unzüchtigen Bilde ab, das die unreine Phantasie dieses Heiden entworfen, und wenn schon Eheleute, die sich vor dem Altare verbunden, »der Wollust pflegen, wie ein Pferd und Maulesel, die keinen Verstand haben«, um mit den Worten des Engels Raphael zu sprechen, welches schändliche Treiben in der Brautnacht läßt sich erst erwarten, wenn einmal dem frechen Verlangen der wollüstigen Liberalen nach der Einführung der Civilehe von einer glaubenslosen Regierung nachgegeben würde. Zum Schlusse wendet er sich an die hochwürdigsten Herren Bischöfe, und bittet sie, dafür Sorge zu tragen, daß die Ehe wieder den heiligen Charakter, der sie früher ausgezeichnet, zurückgewinne und schlägt vor, es solle der Geistlichkeit eingeschärft werden, die Brautleute bei Schließung der Ehe zu ermahnen, sie mögen dem Beispiele des jungen Tobias folgen und ihnen hiernach die Enthaltsamkeit während der ersten drei Tage, wenn auch nicht zu gebieten, so doch bestens zu empfehlen. Er würde sich glücklich schätzen, wenn es ihm durch seine Ausführungen gelungen wäre, die Leser seines Buches anzuregen, auch ohne besondere priesterliche Ermahnung jene Abstinenz zu beobachten, falls sie früher oder später in den heiligen Stand der Ehe treten sollten.

Auch Monica und ihr Vater haben sich auf den ausdrücklichen Wunsch Severins in die Lectüre des von ihm neu entdeckten Buches Tobias vertieft. Besonders Monica empfahl er es eindringlichst, damit sie sich würdig auf ihre Vermälung mit ihm vorbereite, und da sie beide selbst indem sie dem Beispiele, das Tobias und Sara gegeben, folgten, am sichersten den Segen des Himmels auf ihre Ehe herabrufen würden. Ich weiß nicht, ob Severin diesen Vorsatz aus Autoreneitelkeit oder aus wirklicher Bedürfnißlosigkeit gefaßt hat. Monica duldete nicht meine spöttischen Bemerkungen, aber der Kuß, mit dem sie meine Lippen schloß, war ein feuriger Protest gegen die Satzungen des Buches Tobias.

Sechster Brief

Derselbe an Denselben

Wien – Ende September.

Ich war vierzehn Tage in Rom, aber ich will dir nicht viel von meinen Erlebnissen daselbst berichten und nicht die großartigen Eindrücke, die ich auf dieser Reise empfangen, schildern, denn was sind diese gegen alle die Herrlichkeiten, die ich gestern in St. Lambrecht erlebt und während der Eisenbahnfahrt von dort nach Wien genossen habe. Der Oheim hatte die Mitteilung erhalten, daß mir das hohe Amt eines Attachés verliehen worden sei, und daß ich unverzüglich nach Rom reisen möge, um mich dort bei dem Botschafter vorzustellen. Da ich meine diplomatische Laufbahn schon mit dem nächsten Schnellzuge antreten mußte, hatte ich nicht mehr Gelegenheit, Monica allein zu sprechen, sondern mußte von der Geliebten in Gegenwart ihres Vaters Abschied nehmen. Hätten nicht ihr letzter Blick beim Scheiden und ihr zitternder Händedruck den Schmerz verraten, den sie durch unsere Trennung litt, ich wäre verzweifelt, so sehr wußte sie jede Miene und Bewegung, die ihre Liebe zu mir hätten verraten können, vor ihrem Vater zu beherrschen. – Ach, die Frauen besitzen eine Verstellungskunst, die Jedem bange macht, der liebt, selbst wenn es ihm zu Liebe geschieht, daß sie sich verstellen. – Schon bei der nächsten Station empfand ich ein tiefes Heimweh, bei der zweiten wollte ich einen Brief an Monica schreiben, daß mich die Sehnsucht nach ihr verzehre, und bei der dritten umkehren, um sie noch einmal zu sehen. Ich glaubte, als ich in Rom ankam, ich müßte bleich und gespensterhaft aussehen, so verliebt fühlte ich mich.

45

Aber da ich im Hotel den Spiegel zur Hand nahm, fand ich auf meinen Wangen die rosigste Gesundheit blühen und aus meinen Augen glänzte die Lebenslust. Nur mein schwarzer Schnurbart hatte seinen früheren Schimmer verloren, aber bloß, weil er staubig geworden war. Die Natur, die keine lyrischen Gedichte macht, hat es nämlich so eingerichtet, daß man auf Reisen einen höchst unpoetischen, colossalen Appetit bekommt, und so lange dieser gesunde Hausknecht uns zur Seite steht, hat der romantische Schleicher Liebesgram keine Gewalt über unseren Leib. Ich stürzte mich in den Strudel der diplomatischen Geschäfte, ich versiegelte die wichtigsten Depeschen und übernahm von dem Portier die geheimsten diplomatischen Noten. Schon nach einer Woche verriet ich eine solche diplomatische Gewandtheit, daß mir der Gesandte bei einem Diner, das er gab, neben dem einflußreichen Bischof Lambrini einen Platz anwies und mich mit der geheimen Mission betraute diesen bei guter Laune zu erhalten und darüber zu wachen, daß er immer ein volles Glas vor sich habe. Ich erfüllte meinen Auftrag aufs Beste, ja es gelang mir sogar mehrere Male, sein Zwerchfell zu erschüttern, was gewiß keine Kleinigkeit war, da ein ungeheurer Bauch als Schwerstein auf demselben ruhte, der selbst noch jene zu überraschen vermochte, die schon das Colosseum gesehen hatten. Der Bischof nannte mich Carissimo und ich hatte mit solchem Eifer für die fortwährende Füllung seines Glases gesorgt, daß auf seinem Gesicht und seiner Nase schon nach einer Stunde ein heiteres Blau lachte, und er mich beim Dessert durchaus segnen wollte. Der Gesandte sprach mir für die gewandte Durchführung meiner schwierigen Mission seine volle Zufriedenheit aus, und zum Zeichen seines Vertrauens beauftragte er mich mehrere Tage später, nach Wien zu reisen. Da die Papiere, die ich zu übergeben hatte, am fünfundzwanzigsten September in den Händen des Ministers sein sollten, mußte ich, um zur rechten Zeit einzutreffen, schon mit dem nächsten Courierzug abreisen. Als ich nach Hause kam, übergab mir der Diener einen Brief, der die Einladung zur Vermälung Severins mit Monica enthielt, die am vierundzwanzigsten September in der Kirche von St. Lambrecht stattfinden werde, sowie zu dem Hochzeitsschmause im gräflichen Schlosse. Ich wußte ja, daß Monica früher oder später die Gattin Severins werden würde, aber mir war es, als erführe ich es zum ersten Male. Der Courierzug trifft Nachmittags in St. Lambrecht an, ich konnte mich dort einige Stunden aufhalten, Monica sehen und sprechen, mit dem Nachtzuge wieder abreisen und noch rechtzeitig am nächsten Morgen in Wien eintreffen.

Ich war während der Reise in jener Stimmung, die wohl die Meisten empfinden, die in die Lage geraten, der Hochzeit ihrer Geliebten mit einem Anderen beizuwohnen. Ich schalt Monica treulos, ich schüttelte die Faust gegen Severin, ich wütete gegen die Diplomatie, die mich von St. Lambrecht entführt hatte, und ich war nur gegen einen Einzigen gerecht, gegen mich nämlich, indem ich mich in Zwischenräumen von je zehn Minuten einen Narren nannte. Ich dachte daran, St. Lambrecht in Brand zu stecken, dann wieder, mich lieber mit Severin zu schießen und endlich Monica zu entführen, aber mit einem Male war ich an meinem Ziele; ich sprang aus dem Wagen und jetzt, da ich Gelegenheit hatte, alle diese Pläne auszuführen, fand ich plötzlich, daß sie toll waren und daß ich ins Tollhaus gehörte. Da jedoch St. Lambrecht sich noch keines solchen erfreut, nahm ich einen Wagen und fuhr nur nach dem Schlosse. Wir begegneten einem Wagen, aber ich dachte nur an Monica und kümmerte mich nicht darum.

In dem Schlosse, das sonst so still war, als wenn eine verzauberte Prinzessin darin schliefe, herrschten das Getümmel und die Aufregung die eine große Schmauserei hervorrufen. Alle Geistlichen und Frommen der Nachbarschaft waren zusammen gekommen. Die Einen, darunter Monicas Vater, saßen noch, laut discutirend, beim Champagner, die Andern tranken Kaffee auf der Terrasse und wieder Andere gingen in den Alleen des Gartens spazieren und rauchten ihre Cigarre. Der Oheim und die Tante waren sehr erfreut über das unerwartete, wenn auch kurze Wiedersehen und noch mehr über die Ursache desselben, meine ehrenvolle diplomatische Mission an den Minister. Ich erkundigte mich bei der Tante nach der Braut und erfuhr, diese sei vor ihrem Bräutigam nach Hause gefahren, um noch einige Vorkehrungen für die Reise zu treffen, da das Brautpaar mit dem Nachtzug nach Wien zu reisen vorhabe. Sie also saß in dem Wagen, dem ich auf der Herfahrt begegnet war! Ich hätte mir die Haare ausraufen mögen, daß ich so wenig neugierig an demselben vorübergefahren war, aber da ich durch eine solche Verwüstung auf meinem Kopfe vielleicht den Verdacht der Tante hätte erregen können, begnügte ich mich, meiner Verzweiflung einen salonfähigeren Ausdruck zu geben und nur convulsivisch den Schnurrbart zu drehen. Doch der eine Gedanke tröstete mich, daß ich wenigstens, Dank der Zurückhaltung, die Severin, dem Beispiele des jungen Tobias folgend, beobachtete, mit Monica, obwohl es ihre Hochzeitsnacht war, nach Wien reisen durfte. Ich suchte Severin auf. An einem Tischchen in einem Erker saßen drei schwarze Raben, aber nur einer unter ihnen kreischte, während die beiden Anderen seiner Stimme lauschten. Es war der Bräutigam in altmodischem Hochzeitsfrack, der zwei ganz schwarz gekleideten Rednern des katholisch-politischen Casinos im nächsten Städtchen Proben aus seinem vor Kurzem vollendeten Buche vorlas. Als er seine Vorlesung beendet hatte und mich erblickte, sprang er auf und eilte mir entgegen. Ich weiß nicht, ob es die Begeisterung für seinen Gegenstand war, die aus seinen Augen mit solcher Lebhaftigkeit schielte, aber aus seinem Munde predigte ein kräftiges Weinbouquet von den genossenen Tafelfreuden. Ich wünschte ihm Glück zu seiner Vermälung und zur Vollendung seiner Arbeit und teilte ihm mit, daß ich ebenfalls Nachts nach Wien reise. Er brenne danach, sagte er mir, nach Wien zu kommen und sein Manuscript endlich gedruckt zu sehen. Er wisse wohl, das Buch werde von den Feinden der Kirche heftig angegriffen werden, aber er sehne sich nach dem Kampf und dabei schlotterte er siegesgewiß mit den Knieen. Er würde mir gerne wenigstens das Schlußwort vorgelesen haben, aber er müsse Monica folgen, die zu Hause allein sei und ihn wohl ungeduldig erwarten werde. Ich darf ihn nicht mit ihr allein lassen, dachte ich bei mir, der Wein könnte ihn vielleicht auf schlechtere Gedanken bringen, als die des jüngeren Tobias. Ich habe mehrere Aufträge und Anfragen nach Rom und Wien zu telegrafiren, log ich rasch, und will daher auch nach dem Bahnhofe; wenn ich meine Geschäfte besorgt habe und ich einige Augenblicke erübrigen kann, werde ich mir erlauben, Ihrer Braut meine Glückwünsche darzubringen. Wir brachen auf, die Tante wollte mich noch zurückhalten, der Oheim aber billigte mein Weggehen, indem er seine Zufriedenheit mit meinem Geschäftseifer ausdrückte und nahm Severin unter dem Arm, mit dem er während er ihn zum Wagen begleitete, noch eifrig sprach. Der Schmaus auf dem Schlosse war nicht allein veranstaltet worden, um die Hochzeit Severins festlich zu begehen, sondern auch, um die Häupter der Partei zu versammeln und eine Agitation gegen die »kirchenfeindlichen« Gesetze, sowie gegen deren Urheber: die Regierung und den Reichsrat in Szene zu setzen.

Obwohl der Bräutigam sich entfernte, blieb daher die Gesellschaft noch vereinigt.

Serverin schilderte mir während der Fahrt alle diese Umtriebe mit der ganzen Begeisterung, deren man sich nach einem guten Mittagessen erfreut, und teilte mir auch mit, daß er als der Würdigste und Fähigste der Partei anerkannt worden sei, und daß diese beschlossen habe, die Wiederwahl des bisherigen liberalen Vertreters des Wahlkreises im Reichsrate zu verhindern und seine Wahl in denselben durchzusetzen. Aber während er so sprach, fing er an sich an dem ganzen Körper ängstlich zu befühlen, griff erschrocken in seine linke Brust, schnellte beide Hände gegen das Gesäße pressend, so plötzlich empor, daß er mit Gewalt gegen die Wagendecke stieß und ihm der Cylinder bis zum Kinn hinabgetrieben wurde, und sank regungslos auf seinen Sitz zurück. Ich wußte nicht, hatte ihn eine Schlange gebissen, war er vom Schlage gerührt worden, oder hatte er bloß seinen Verstand verloren?

Was ist Ihnen denn? schrie ich, nachdem ich ihn von seinem Hute befreit hatte.

Ich habe mein Jus primae noctis verloren, stöhnte er, ich habe es weder vorne noch hinten, ich habe überall gesucht und kann das Manuscript nicht finden.

Beruhigen Sie sich, tröstete ich ihn, der Herr will nur ihre Geduld prüfen. Sie haben das Beispiel des jungen Tobias nachgeahmt und Enthaltsamkeit gelobt, ahmen Sie nunmehr auch das Beispiel des alten Tobias nach, fassen Sie Geduld und murren Sie nicht gegen die Vorsehung. Sie lasen, als ich Sie im Schlosse sah, gerade aus dem Manuscripte vor und werden es auf dem Tischchen, an dem Sie saßen, zurückgelassen haben, wo es wahrscheinlich noch liegt.

Ich sah auf die Uhr:

Es ist halb acht Uhr, lassen Sie den Wagen sofort nach dem Schlosse umkehren, um halb zehn Uhr sind Sie wieder mit dem kostbaren Schatze an der Seite Ihrer Braut und Sie kommen noch eine halbe Stunde vor der Abfahrt des Zuges. Wir sind nur noch einige Minuten vom Bahnhofe entfernt, und ich will die kurze Strecke zu Fuße zurücklegen.

Severin versicherte mich seiner Dankbarkeit für meinen Trost und Rat; ich ließ den Wagen halten, und sprang heraus. Als ich auf dem Boden war und den Wagen umkehren sah, hätte ich vor Freuden aufjauchzen mögen. Ich rannte die

Straße fort bis zum Hause Monicas, aus deren Zimmer mir Licht entgegen schien, ich schlich mich durch den Garten, ging leise die Treppe hinauf und blieb zitternd an ihrer Türe stehen. Ich hörte mehrere Seufzer, die aber so schwach und gleichmäßig klangen, daß sie mir weniger den drangvollen Schmerz einer Unglücklichen als die Leere einer Gelangweilten zu verraten schienen.

Ich rief leise: Monica!

Sie stürzte zur Türe, öffnete diese und mit dem freudigen Aufschrei: Mein Heinrich! sank sie in meine Arme. Ich drückte sie an meine Brust, sie aber riß sich plötzlich los und rief:

Wie unglücklich bin ich!

Unglücklich, liebst du mich nicht mehr, Monica?

Ich darf nicht mehr. Heute ist mein Hochzeitstag, ich bin die Frau Severins – er kann in jedem Augenblicke hier sein.

Und dabei setzte sie sich auf das Sofa und verbarg ihr Gesicht in dem Kissen desselben. Ich setzte mich neben sie und erzählte ihr, daß Severin nach dem Schlosse zurückgekehrt sei, um sein Manuscript zu holen.

Er liebt sein Buch mehr, als mich, rief sie darauf seufzend und sah mich mit einem unwiderstehlich verzweifelten Blicke an.

Ich wollte sie umarmen, aber sie entwand sich mir furchtsam und wiederholte mehrere Male und immer leiser:

Ich bin Severins Frau!

Ich will dir, lieber Paul, die Argumente, die ich gegen Severin und für unsere Liebe ins Treffen führte, nicht wieder berichten, denn sie werden dir vielleicht nicht so überzeugend klingen, als sie waren, und ich könnte sie dir auch nicht mit solcher überzeugenden Kraft vortragen, wie ich sie vortrug, denn ich faßte Monica bei der Hand während ich sprach und preßte diese an mein Herz und meine Lippen, ich schlang den Arm um ihren Leib, zog sie an mich und küßte sie leidenschaftlich und da ich wieder geliebt wurde, begann meine Logik immer unwiderstehlicher zu werden.

Es ist einerlei, ob der Gesang der Lerche Liebende daran erinnert, daß sie scheiden müssen, oder der Ruf des Kuckucks einer Schwarzwälder-Uhr. Gewiß hätte mir der erstere ebenso abscheulich geklungen, wie die Stimme der letzteren, als sie die zehnte Stunde ausrief. Ich schlich mich aus dem Hause wie ein Dieb, aber wie ein glücklicher Dieb. – Als ich in den Bahnhof trat, hörte ich das ferne Rollen eines Wagens – Kuckuck! – Ich hatte ein Coupé erster Klasse für mich allein genommen und lud Severin, der mit Monica gerade als der Zug in die Station einfuhr, anlangte, ein, in demselben Platz zu nehmen.

Wir haben es hier so bequem, sagte Severin, als der Zug sich in Bewegung gesetzt hatte, es ist nur Schade, daß ich während des Fahrens niemals schlafen kann.

Ich bedauerte, ihm nicht Gesellschaft leisten zu können, da ich im Gegenteil einschliefe, sobald ich einige Minuten gefahren sei.

Ich lehnte mich wirklich zurück und schloß die Augen. Severin sprach einige Zeit mit Monica über die Wohnung in Wien, die Kücheneinrichtung und ähnliche häusliche Angelegenheiten, aber nach einer Zeit klagte sie über Ermüdung und tat, als ob sie ebenfalls einschliefe. Aber wir saßen gegenüber und ihr kleiner Fuß teilte mir mit, daß sie wache. Nach einiger Zeit entstand neben dem eintönigen Geräusch der Maschine ein neues, als wenn diese gebremst würde. Severin schnarchte. Ich nahm meinen Plaid und deckte ihn als barmherziger Samariter über den Schlafenden und dessen Gesicht. Welchen Reiz gewährt es, mit der Geliebten, Wange an Wange, im Flüstertöne zu sprechen. Wir überhäuften uns mit den liebevollsten Vorwürfen und verziehen einander großmütig, wobei ich immer für neue Sünden die Verzeihung Monicas in Anspruch nehmen mußte. – Als wir am frühen Morgen in Wien anlangten, griff Severin prüfend an seine Brusttasche und sagte beruhigt: Gott sei Dank, ich habe mein Jus primae noctis nicht verloren. Armer Tropf!

Lebe wohl, lieber Paul! Ich weiß, du hast manchmal noch feudale Anwandlungen, das macht deine Erziehung. Aber die Zeit, da unser Stand noch auf seine Vorrechte pochen durfte, ist vorüber. Wir wollen also nicht mehr in Privilegien die Bürgschaften unserer Erfolge suchen, sondern diese durch unsere Verdienste erreichen. Ich weiß nicht, ob das niederträchtige Recht des Gutsherrn, von dem ich dir so viel geschrieben, wirklich einmal bestanden hat. Aber ist es nicht schöner den Erfolg, den jenes Herrenrecht gewährleistete, dadurch zu erringen, daß wir gefallen und geliebt werden? Noch einmal, lebe wohl; ich reise nach Rom, aber nicht als büßender Tanhäuser will ich den Pantoffel des Pabstes küssen, sondern als wonnetrunkener Attaché. Ich suche keine Vergebung für meine Sünden, sondern nur die Gelegenheit, sobald als möglich Urlaub zu erhalten und zu meiner lieben Frau Venus zurückzukehren.

www.ingramcontent.com/pod-product-compliance
Lightning Source LLC
Chambersburg PA
CBHW022345020726
47500CB00004B/1288